W9-AZL-989

Mi gran jardín

El armadillo

Lola M. Schaefer

Traducción de Paul Osborn

Heinemann Library

Chicago, Illinois

Designed by Kim Kovalick, Heinemann Library; Page layout by Que-Net Media
Printed and bound in China by South China Printing Company Limited.
Photo research by Bill Broyles

08 07 06 05 04
10 9 8 7 6 5 4 3 2 1

Library of Congress Cataloging-in-Publication Data
Schaefer, Lola M., 1950-
  [Armadillo. Spanish]
  El armadillo/Lola M. Schaefer; traducción de Paul Osborn
    p. cm.—(Mi gran jardín)
    ISBN 1-4034-5745-X(hc), 1-4034-5752-2 (pbk)
1. Armadillos—Juvenile literature, I. Title.
QL737.E23 S3618 2004
597.3—dc22

                                        2004044459

Acknowledgments
The author and publishers are grateful to the following for permission to reproduce copyright material:
p. 4 Theo Allofs/Visuals Unlimited; pp. 5, 7, 8, 16 Jeff Foott/DRK Photo; pp. 6, 11 Joe McDonald/Corbis; p. 9 Photodisc Blue/Getty Images; p. 10 Paula Coulter/Naturepl.com; p. 12 Tom Bean/Corbis; p. 13 Bruce Coleman Inc.; p. 14 C. C. Lockwood/DRK Photo; p. 15 M. Harvey/DRK Photo; p. 17 David Welling/Animals Animals; p. 18 Leonard Rue Enterprises; p. 19 Joe McDonald/Visuals Unlimited; p. 20 Richard Stockton/Index Stock; p. 21 Pete Oxford/DRK Photo; pp. 22, 24 Wayne Lynch/DRK Photo; p. 23 (t-b) Photodisc Blue/Getty Images, Photodisc Blue/Getty Images, Eric Schmidt/Masterfile, Photodisc Blue/Getty Images, Corbis, Oxford Scientific Films; back cover (l-r) Photodisc Blue/Getty Images

Cover photograph by Wayne Lynch/DRK Photo

Every effort has been made to contact copyright holders of any material reproduced in this book. Any omissions will be rectified in subsequent printings if notice is given to the publisher.

Special thanks to our bilingual advisory panel for their help in the preparation of this book:

Aurora Colón García   Leah Radinsky
Literacy Specialist   Bilingual Teacher
Northside Independent School District   Inter-American Magnet School
San Antonio, TX   Chicago, IL

Contenido

Unas palabras están en negrita, **así**.
Las encontrarás en el glosario en fotos de la página 23.

¿Hay armadillos en tu jardín?

Puede que veas un armadillo caminando o cavando en tu jardín.

Los armadillos viven en desiertos y praderas.

Cavan **madrigueras** en la tierra.

¿Qué es un armadillo?

El armadillo es un **mamífero.**

Un mamífero tiene pelo o pelaje.

El armadillo es de sangre
caliente.

Su cuerpo produce calor para
mantener su temperatura caliente.

¿Cómo se ve el armadillo?

El armadillo tiene el cuerpo en forma de una pelota de fútbol americano.

Tiene la cabeza puntiaguda y la nariz larga.

escamas

garra

La cola del armadillo está hecha de **escamas**.

Tiene patas cortas y **garras** gruesas.

¿Qué tamaño tiene el armadillo?

Algunos armadillos son tan grandes como un gato.

El más pequeño es del tamaño de un plátano.

Los armadillos grandes pueden
ser tan largos como una bicicleta.

Su peso es igual al peso de una
persona pequeña.

¿Qué sientes al tocar un armadillo?

caparazón

Apenas puedes sentir el pelo de un armadillo.

Su **caparazón** es áspero como una pelota de fútbol americano.

La lengua del armadillo es pegajosa.

Su cola es dura y abultada.

¿Qué come el armadillo?

Es posible que un armadillo entre en tu jardín para buscar comida.

Come plantas e insectos.

Le gustan las hormigas, las **termitas** y los gusanos.

El armadillo también come raíces y frutas blandas.

¿Qué tiene de especial el armadillo?

El armadillo es uno de los animales más antiguos de la Tierra.

Existe desde la época de los dinosaurios.

El armadillo puede aguantar
la respiración mientras camina
bajo el agua de algún lago o río.

¿Cómo se protege el armadillo?

El armadillo se esconde en los huecos que cava.

Algunas veces se enrolla como pelota para protegerse.

Su **caparazón** es duro.

Ayuda al armadillo a protegerse.

¿Es peligroso el armadillo?

El armadillo no es peligroso para las personas.

No muerde.

El armadillo se mantiene alejado
de las personas.

Huye o se esconde.

Prueba

¿Cómo se llaman estas partes del armadillo?

?

?

?

Glosario en fotos

caparazón
páginas 12, 19
armadura protectora hecha de huesos

escamas
página 9
cobertura protectora de la cola del
armadillo hecha de huesos

madriguera
página 5
hueco hecho por un animal que le sirve
de refugio o protección

garra
página 9
uña puntiaguda en la pezuña de un
animal

mamífero
página 6
animal de sangre caliente, cubierto de
pelo, que produce leche para sus crías

termita
página 15
insecto pequeño que come madera

Nota a padres y maestros

Leer para buscar información es un aspecto importante del desarrollo de la lectoescritura. El aprendizaje empieza con una pregunta. Si usted alienta a los niños a hacerse preguntas sobre el mundo que los rodea, los ayudará a verse como investigadores. Cada capítulo de este libro empieza con una pregunta. Lean la pregunta juntos, miren las fotos y traten de contestar la pregunta. Después, lean y comprueben si sus predicciones son correctas. Piensen en otras preguntas sobre el tema y comenten dónde pueden buscar las respuestas.

¡PRECAUCIÓN!
Recuérdeles a los niños que no deben tocar animales silvestres. Los niños deben lavarse las manos con agua y jabón después de tocar cualquier animal.

Índice

Respuesta a la prueba

escamas

caparazón

garras